**Precept Topic pages**

Scripture Precepts Subject: ______________________

Scripture Precepts Subject: ______________________________

Scripture Precepts Subject: ______________________

Scripture Precepts Subject: ______________________________

Scripture Precepts Subject: ______________________

Scripture Precepts Subject: ______________________________

Scripture Precepts Subject: ______________________________

Scripture Precepts Subject: ___________________________

Scripture Precepts Subject: ______________________

Scripture Precepts Subject: ____________________________

Scripture Precepts Subject: ______________________

Scripture Precepts Subject: ______________________________

Scripture Precepts Subject: ______________________________

Scripture Precepts Subject: ______________________________

Scripture Precepts Subject: ______________________

Scripture Precepts Subject: ______________________________

Scripture Precepts Subject: ______________________

Scripture Precepts Subject: ______________________________

Scripture Precepts Subject: ______________________

Scripture Precepts Subject: ______________________________

Scripture Precepts Subject: ______________________

Scripture Precepts Subject: ______________________________

Scripture Precepts Subject: ____________________

Scripture Precepts Subject: ______________________

Scripture Precepts Subject: ______________________________

Scripture Precepts Subject: ______________________________

Scripture Precepts Subject: ______________________________

Scripture Precepts Subject: ______________________________

Scripture Precepts Subject: ______________________

Scripture Precepts Subject: ______________________________

Scripture Precepts Subject: ____________________

## Scripture Precepts Subject: ______________________

Scripture Precepts Subject: ______________________________

Scripture Precepts Subject: ______________________________

Scripture Precepts Subject: ______________________

Scripture Precepts Subject: ______________________________

Scripture Precepts Subject: ______________________

Scripture Precepts Subject: ______________________________

Scripture Precepts Subject: ___________________________

Scripture Precepts Subject: ______________________________

Scripture Precepts Subject: ______________________

Scripture Precepts Subject: ______________________________

Scripture Precepts Subject: ______________________________

Scripture Precepts Subject: ______________________________

Scripture Precepts Subject: ______________________________

Scripture Precepts Subject: ______________________________

Scripture Precepts Subject: ______________________________

Scripture Precepts Subject: ______________________________

Scripture Precepts Subject: ______________________

Scripture Precepts Subject: ______________________

Scripture Precepts Subject: ______________________

Scripture Precepts Subject: ______________________

Scripture Precepts Subject: ______________________

Scripture Precepts Subject: ______________________________

Scripture Precepts Subject: ______________________________

Scripture Precepts Subject: ______________________

Scripture Precepts Subject: ______________________________

Scripture Precepts Subject: ______________________

Scripture Precepts Subject: ______________________

Scripture Precepts Subject: ______________________________

Scripture Precepts Subject: ______________________

Scripture Precepts Subject: ______________________________

Scripture Precepts Subject: ______________________

Scripture Precepts Subject: ______________________________

Scripture Precepts Subject: ______________________

Scripture Precepts Subject: ______________________________

Scripture Precepts Subject: ______________________________

Scripture Precepts Subject: ______________________________

Scripture Precepts Subject: ______________________________

Scripture Precepts Subject: ______________________

Scripture Precepts Subject: ______________________

Scripture Precepts Subject: ______________________

Scripture Precepts Subject: ______________________________

Scripture Precepts Subject: ______________________________

Scripture Precepts Subject: ______________________

Scripture Precepts Subject: ___________________________

Scripture Precepts Subject: ______________________

Scripture Precepts Subject: ______________________________

Scripture Precepts Subject: ______________________

Scripture Precepts Subject: ______________________________

Scripture Precepts Subject: ______________________

Scripture Precepts Subject: ______________________________

Scripture Precepts Subject: ______________________

Scripture Precepts Subject: ______________________________

Scripture Precepts Subject: ______________________________

Scripture Precepts Subject: ______________________________

Scripture Precepts Subject: ________________________________

Scripture Precepts Subject: ______________________________

Scripture Precepts Subject: ______________________

Scripture Precepts Subject: ______________________________

Scripture Precepts Subject: ______________________

Scripture Precepts Subject: ______________________________

Scripture Precepts Subject: ______________________________

Scripture Precepts Subject: ______________________________

Scripture Precepts Subject: ______________________

Scripture Precepts Subject: ______________________________

Scripture Precepts Subject: ______________________________

Scripture Precepts Subject: ______________________________

Scripture Precepts Subject: ______________________

Scripture Precepts Subject: ______________________________

Scripture Precepts Subject: ______________________

Scripture Precepts Subject: ______________________________

Scripture Precepts Subject: ______________________________

Scripture Precepts Subject: ______________________________

Scripture Precepts Subject: ______________________________

Scripture Precepts Subject: ______________________________

Scripture Precepts Subject: ______________________

Scripture Precepts Subject: ______________________________

Scripture Precepts Subject: ______________________________

Scripture Precepts Subject: ______________________________

Scripture Precepts Subject: ______________________________

Scripture Precepts Subject: ______________________________

Scripture Precepts Subject: ___________________________

Scripture Precepts Subject: ______________________________

Scripture Precepts Subject: ______________________________

Scripture Precepts Subject: ______________________________

Scripture Precepts Subject: ______________________

Scripture Precepts Subject: ______________________________

Scripture Precepts Subject: ______________________

Scripture Precepts Subject: ____________________________

Scripture Precepts Subject: ______________________________

Scripture Precepts Subject: ______________________________

Scripture Precepts Subject: ______________________

Scripture Precepts Subject: ______________________________

Scripture Precepts Subject: ____________________

Scripture Precepts Subject: ______________________________

Scripture Precepts Subject: ______________________________

Scripture Precepts Subject: ______________________________

Scripture Precepts Subject: ______________________________

Scripture Precepts Subject: ______________________________

Scripture Precepts Subject: ______________________

Scripture Precepts Subject: ______________________________

Scripture Precepts Subject: ______________________________

Scripture Precepts Subject: ______________________________

Scripture Precepts Subject: ____________________

Scripture Precepts Subject: ______________________________

Scripture Precepts Subject: ______________________________

Scripture Precepts Subject: ______________________________

Scripture Precepts Subject: ______________________________

Scripture Precepts Subject: ______________________________

Scripture Precepts Subject: ______________________________

Scripture Precepts Subject: ____________________

Scripture Precepts Subject: ______________________

Scripture Precepts Subject: ______________________________

Scripture Precepts Subject: ______________________

Scripture Precepts Subject: ______________________________

Scripture Precepts Subject: ______________________________

Scripture Precepts Subject: ______________________________

Scripture Precepts Subject: ______________________

Scripture Precepts Subject: ______________________________

Scripture Precepts Subject: ______________________

Scripture Precepts Subject: ______________________________

Scripture Precepts Subject: ______________________________

Scripture Precepts Subject: ______________________________

Scripture Precepts Subject: ______________________________

Scripture Precepts Subject: ______________________________

Scripture Precepts Subject: ______________________

Scripture Precepts Subject: ______________________________

Scripture Precepts Subject: ______________________________

Scripture Precepts Subject: ______________________________

Scripture Precepts Subject: ______________________________

Scripture Precepts Subject: ______________________________

Scripture Precepts Subject: ______________________________

Scripture Precepts Subject: ______________________________

Scripture Precepts Subject: ______________________

Scripture Precepts Subject: ________________________

Scripture Precepts Subject: ______________________

Scripture Precepts Subject: ______________________________

Scripture Precepts Subject: ______________________________

Scripture Precepts Subject: ______________________________

Scripture Precepts Subject: ______________________

Scripture Precepts Subject: ______________________________

Scripture Precepts Subject: ______________________

Scripture Precepts Subject: ______________________________

Scripture Precepts Subject: ______________________

Scripture Precepts Subject: ______________________________

Scripture Precepts Subject: ___________________________

Scripture Precepts Subject: ______________________________

Scripture Precepts Subject: ______________________

Scripture Precepts Subject: ______________________________

Scripture Precepts Subject: ______________________________

Scripture Precepts Subject: ______________________________

Scripture Precepts Subject: ______________________________

Scripture Precepts Subject: ______________________________

Scripture Precepts Subject: ______________________________

Scripture Precepts Subject: ______________________________

Scripture Precepts Subject: ______________________________

Scripture Precepts Subject: ______________________________

Scripture Precepts Subject: ______________________

Scripture Precepts Subject: ______________________________

Scripture Precepts Subject: ______________________

Scripture Precepts Subject: ______________________

Scripture Precepts Subject: ______________________________

Scripture Precepts Subject: ______________________________

Scripture Precepts Subject: ____________________________

Scripture Precepts Subject: ______________________________

Scripture Precepts Subject: ______________________

Scripture Precepts Subject: ______________________________

Scripture Precepts Subject: ______________________________

Scripture Precepts Subject: ______________________________

Scripture Precepts Subject: ______________________________

Scripture Precepts Subject: ______________________________

Scripture Precepts Subject: ______________________________

Scripture Precepts Subject: ______________________________

Scripture Precepts Subject: ______________________

Scripture Precepts Subject: ______________________

Scripture Precepts Subject: ______________________________

Scripture Precepts Subject: ______________________________

Scripture Precepts Subject: ______________________________

Scripture Precepts Subject: ______________________________

Scripture Precepts Subject: ______________________

Scripture Precepts Subject: ______________________________

Scripture Precepts Subject: ______________________

Scripture Precepts Subject: ______________________________

Scripture Precepts Subject: ______________________

Scripture Precepts Subject: ______________________

Scripture Precepts Subject: ______________________________

Scripture Precepts Subject: ______________________________

Scripture Precepts Subject: ______________________________

Scripture Precepts Subject: ______________________________

Scripture Precepts Subject: ______________________

Scripture Precepts Subject: ______________________________

Scripture Precepts Subject: ______________________

Scripture Precepts Subject: ______________________________

Scripture Precepts Subject: ______________________

Scripture Precepts Subject: ____________________________

Scripture Precepts Subject: ______________________

Scripture Precepts Subject: ______________________________

Scripture Precepts Subject: ______________________________

Scripture Precepts Subject: ______________________

Scripture Precepts Subject: ______________________________

Scripture Precepts Subject: ______________________________

Scripture Precepts Subject: ____________________

Scripture Precepts Subject: ______________________________

Scripture Precepts Subject: ______________________

Scripture Precepts Subject: ____________________________

Scripture Precepts Subject: ______________________________

Scripture Precepts Subject: ______________________________

Scripture Precepts Subject: ______________________

Scripture Precepts Subject: ______________________________

Scripture Precepts Subject: ______________________________

Scripture Precepts Subject: ______________________

Scripture Precepts Subject: ______________________________

Scripture Precepts Subject: ___________________________

Scripture Precepts Subject: ____________________

Scripture Precepts Subject: ____________________

Scripture Precepts Subject: ______________________________

Scripture Precepts Subject: ______________________

Scripture Precepts Subject: ______________________________

Scripture Precepts Subject: ______________________________

www.ingramcontent.com/pod-product-compliance
Lightning Source LLC
Chambersburg PA
CBHW060333100426
42812CB00003B/976